NOUVELLES
CHANSONS POLITIQUES

DE

PAUL AVENEL

Prix : 1 franc.

PARIS
ARMAND LE CHEVALIER, ÉDITEUR
61, RUE RICHELIEU, 61

Tous droits réservés.

Paris. — Impr. Tuifin et Ad. Juvet, 9, cour des Miracles.

NOUVELLES
CHANSONS POLITIQUES

DE

PAUL AVENEL

PARIS
ARMAND LE CHEVALIER, ÉDITEUR
61, RUE RICHELIEU, 61

Tous droits réservés.

AU LECTEUR

—

Dans ces couplets, si tu veux les bien lire,
De pied en cap tu trouveras l'auteur ;
S'il y rit mal, c'est que souvent son rire,
Sous le sanglot est noyé dans son cœur.

Il obéit au démon qui l'inspire ;
C'est le devoir, ce démon tentateur ;
S'il n'est pas gai, c'est la faute à l'empire,
N'étant point né, courtisan ni flatteur.

Honte à celui qui met sur sa figure.
Un masque d'or pour cacher son parjure ;
La Vérité le voit dans son miroir.

L'honnêteté pourtant a sa noblesse
En marchant droit, sans peur et sans faiblesse !
Il est si beau de faire son devoir.

NOUVELLES CHANSONS POLITIQUES
DE
PAUL AVENEL

LA COUR DU ROI PETAUD

Air : *Il était un roi d'Yvetot.*

Jadis, la cour du roi Pétaud,
 Était très-familière.
Le seigneur frolait le rustaud
 Dans cette fourmilière.
C'était un turbulent séjour,
Où l'on parlait et nuit et jour
  D'amour.
Oh ! oh ! oh ! oh ! ah ! ah ! ah ! ah !
Quel doux régime c'était là !
  La, la.

Pétaud était gai, bon, ouvert,
　　Mais léger de cervelle ;
Il tenait du roi Dagobert
　　Et de Jean de Nivelle.
Le peuple payait les valets,
Tout en faisant de son palais
　　Les frais.
Oh ! oh ! oh ! oh ! ah ! ah ! ah ! ah !
Quel doux régime c'était là !
　　La, la.

Ah ! quelle existence on menait
　　Dans cette pétaudière !
Chacun jasait, allait, venait,
　　Vivant à sa manière.
Mais on était toujours d'accord
Quand il fallait prendre au trésor
　　De l'or.
Oh ! oh ! oh ! oh ! ah ! ah ! ah ! ah !
Quel doux régime c'était là !
　　La, la.

Le roi faisait, sans réfléchir,
　　Les plus folles dépenses ;
Les grands prenaient pour s'enrichir
　　Le restant des finances ;

Et le peuple, fort indulgent,
Remplaçait, quand c'était urgent,
  L'argent.
Oh ! oh ! oh ! oh ! ah ! ah ! ah ! ah !
Quel doux régime c'était là !
  La, la.

A ce prince on prêtait serment,
  Mais c'était pour la forme ;
Quand il voulait du dévoûment,
  Il attendait sous l'orme.
Pour paraître de bonne foi,
On arrangeait chacun pour soi
  La loi.
Oh ! oh ! oh ! oh ! ah ! ah ! ah ! ah !
Quel doux régime c'était là !
  La, la.

On ne sut bien ce qu'il était
  Que l'orsqu'il fut en terre ;
Et le peuple qui le fêtait,
  Le maudit de colère !

Comme beaucoup de gouvernants,
Ce *père* avait mis ses enfants
    Dedans.

Oh ! oh ! oh ! oh ! ah ! ah ! ah ! ah !
Quel doux régime c'était là !
    La, la.

LE CRI DE LA POLOGNE

Musique de M. Ben-Tayoux.

La Pologne nous appelle,
Marchons au cri qu'elle a jeté ;
Vaincre en combattant pour elle
C'est vaincre pour le liberté !

La vieille Pologne opprimée,
Dans un fier et suprême élan,
Soudain s'est changée en armée
Pour combattre en face un tyran ;
Elle a brisé ses lourdes chaînes,
Laissant déborder de son cœur.
Tous les affronts, toutes les haines
Qu'y jeta son martyriseur.

La Pologne nous appelle,
Marchons au cri qu'elle a jeté ;
Vaincre en combattant pour elle
C'est vaincre pour la liberté !

France, tu connais son courage,
En noble sœur, tends-lui la main,
Du cosaque arrête la rage,
Car il sera trop tard demain.
Elle réclame par les armes
Sa place dans l'humanité ;
Il faut du sang et non des larmes
Pour conquérir sa liberté.

   La Pologne nous appelle,
Marchons au cri qu'elle a jeté ;
    Vaincre en combattant pour elle,
C'est vaincre pour la liberté !

Tu sais qu'aux grands jours de bataille,
Aux champs de Leipsick et d'Eylau,
Elle se haussait à ta taille
Pour mieux défendre ton drapeau.
Ce glorieux passé l'enivre !
France, elle ne doit pas périr ;
Elle renait, elle veut vivre :
La laisseras-tu donc mourir ?

   La Pologne nous appelle,
Marchons au cri qu'elle a jeté ;
    Vaincre en combattant pour elle.
C'est vaincre pour la liberté !

Entends-tu le glas funéraire
Monter vers les cieux en pleurant,
C'est l'hécatombe sanguinaire
De ses fils morts en combattant.
France, ses droits sont légitimes,
Délivre-la des oppresseurs,
Sinon, du sang de ses victimes
Un jour, naîtront d'autres vengeurs.

 La pologne nous appelle,
Marchons au cri qu'elle a jeté :
 Vaincre en combattant pour elle,
C'est vaincre pour la liberté !

15 mars 1863.

LIBRE - PENSÉE

Air : *Aussitôt que la lumière.*

Aussitôt que la lumière
Frappe mon œil matinal,
Je commence ma carrière
Par dévorer mon journal ;
Si je vois la politique
Prendre un ténébreux chemin :
Je mets tout en république
Pour le bien du genre humain.

Vous comprenez que je prône
Franchement la liberté.
Car je vois sur plus d'un trône
Une triste majesté ;
On a chassé les Jésuites,
Mais Escobar n'est pas mort,
Malgré toutes nos poursuites,
En France il gouverne encor.

On nous a dit que le pape (¹)
Était jadis libéral,
Mais il paraît que la chape
En fit un bon cardinal ;
Depuis qu'il a la tiare,
On a tant versé de sang,
Qu'il en traverse une mare
Pour monter au Vatican (²).

On promet le libre-échange
Et d'abolir les octrois,
C'est pour nous donner le change
Qu'on nous promet tant, je crois ;
Car, où règne la misère,
Les soldats et les cagots,
Il ne faut pas qu'on espère
Un dégrèvement d'impôts.

---

(1) Jean-Marie, comte de Mastéï-Ferretti, fut élu pape sous le nom de Pie IX, en juin 1846.

(2) On sait, depuis l'avénement du second Empire, ce que le pouvoir temporel de ce successeur de saint Pierre a coûté d'argent et d'hommes à la France et à l'Italie.

Quand le peuple saura lire (1),
Certe on ne trouvera pas,
Comme aujourd'hui, pour l'empire,
Des mouchards et des soldats ;
Endormi par l'ignorance,
Il n'a pas de volonté ;
Lui qui serait maître en France,
S'il voulait la liberté.

Mais, un jour, la république
Reviendra front haut, bras nus,
Pour anéantir la clique
Des vendeurs et des vendus ;
Si je meurs dans la tempête,
O peuple, écris de ta main :
« Ci-gît un pauvre poëte,
« Mort en bon républicain. »

---

(1) D'après une statistique récente, la France n'occupe que le sixième rang en Europe sous le rapport de l'instruction (1867).

LE BON BOURGEOIS

Air : *Toto, Carabo.*

Sous le céleste empire
De Napoléon trois
  Le bourgeois,
Pousse jusqu'au délire
Le respect et l'honneur,
  Il a peur.
  Quel Béotien !
  Quel Arcadien (1) !
Il ne s'oppose à rien.
  Tout est très-bien,
  Tout est fort bien
Pour ce bon citoyen.

(1) Une partie des membres de la Chambre des députés, la plupart bourgeois, avait ses réunions privées rue de l'Arcade. De là, le surnom d'*Arcadiens*. La réaction était leur drapeau. (Session de 1863-1869.)

A-t-il faim quand il mange?
A-t-il soif quand il boit?
　　Non, ma foi!
Sa maîtresse est un ange,
Qui n'aime en lui souvent
　　Que l'argent.
　　Quel Béotien!
　　Quel Arcadien!
Il ne s'oppose à rien.
　　Tout est très-bien,
　　Tout est fort bien,
Pour ce bon citoyen!

Ami de la routine,
Il voit dans le progrès
　　Des excès;
Il maudit Lamartine,
Mais il pendrait Proudhon
　　Pour de bon!
　　Quel Béotien!
　　Quel Arcadien!
Il ne s'oppose à rien.
　　Tout est très-bien,
　　Tout est fort bien,
Pour ce bon citoyen!

S'il arrive à la Chambre,
Il met la liberté
De côté ;
Du héros de Décembre
Il vote sans regret
Le budget.
Quel Béotien !
Quel Arcadien !
Il ne s'oppose à rien.
Tout est très-bien,
Tout est fort bien,
Pour ce bon citoyen !

Pour instruire sa femme,
Il prend un confesseur
Directeur ;
Qui le fait, là, mais dame !
De par saint Escobar
Bien cornard.
Quel Béotien !
Quel Arcadien !
Il ne s'oppose à rien.
Tout est très-bien,
Tout est fort bien,
Pour ce bon citoyen !

Le mot de République
Lui donne, en sa maison,
Le frisson ;
Si grande est sa panique,
Qu'il voit dans l'empereur
Un sauveur !
Quel Béotien,
Quel Arcadien,
Il ne s'oppose à rien.
Tout est très-bien,
Tout est fort bien
Pour ce bon citoyen !

LE VEAU DE M. CALVET

Air : *de Cadet-Roussel.*

Calvet, ceci n'est pas nouveau, *(bis)*
Adore l'empire et le veau. *(bis)*
Du bien-être fervent apôtre,
Il soutient l'un, fait manger l'autre.
    Ah! ah! ah! oui, vraiment
Monsieur Calvet est bon enfant. ([1])

Il voudrait que ses électeurs *(bis)*
Eussent ses goûts et non les leurs; *(bis)*
Dans cette voie il les attire
En tuant le veau pour l'empire.
    Ah! ah! ah! oui, vraiment
Monsieur Calvet est bon enfant.

(1) M. Calvet-Rogniat était alors candidat officiel de l'Aveyron.

Les paysans disent tout bas : *(bis)*
Mangeons notre part du veau gras ; *(bis)*
Monsieur Calvet pour le village
Ne fera jamais davantage.
 Ah! ah! ah! oui, vraiment
Monsieur Calvet est bon enfant.

Une fois parti du pays, *(bis)*
Il ira nier à Paris *(bis)*
Que c'est au veau mis à la broche
Qu'il doit l'amitié de Baroche.
 Ah! ah! ah! oui, vraiment
Monsieur Calvet est bon enfant.

Sans le rôti ce candidat *(bis)*
N'eut pas obtenu de mandat ; *(bis)*
Un électeur par gourmandise?
Peut donc commettre une sottise?
 Ah! ah! ah! oui, vraiment
Monsieur Calvet est bon enfant.

Mais pour le nommer de nouveau, *(bis)*
Oh! ce n'est plus assez d'un veau *(bis)*
Nous voulons qu'avec nous il sache
Qu'après le veau nous faut la vache.

Ah! ah! ah! oui, vraiment
Monsieur Calvet est bon enfant.

A finaud, finaud et demi *(bis)*
Il paîra son titre d'ami. *(bis)*
De nous alors il pourra dire :
Ils ont tous *veauté* pour l'Empire !
Ah! ah! ah! oui, vraiment
Monsieur Calvet est bon enfant.

L'EMPIRE, C'EST LA PAIX

Air : *Contentons-nous d'une simple bouteille.*

La paix, dit-on, est une providence
Pour un pays qui vit de liberté ;
Avec la paix doit régner l'abondance
La poule au pot est une vérité.
Saint Chauvin croit que le second empire
Pour les Français est un vrai paradis !
O mes amis, n'allez pas sur son dire ⎱ *Bis.*
Imprudemment consulter le pays ! ⎰

Le saint Chauvin est un autre saint Pierre
Qui, sur sa foi, prélève son denier ;
Pour ses croyants il a son reliquaire,
Il a pour Dieu, Napoléon premier.

Oui mais, peut-on s'empêcher de sourire
Quand il nous dit : L'Empire, c'est la paix.
Nous savons bien que le second empire } *Bis.*
N'est qu'un banquet dont nous payons les frais.

Autour du trône on mène à grandes guides
La haute-vie et la prospérité ;
Ah ! qu'il est loin ce temps des vieux druides
Si renommé par son austérité !
Nos gens de cour se disent : courte et bonne !
Pour bien jouir, il faut tout employer ;
N'attendons pas que le peuple raisonne, } *Bis.*
Il pourrait bien se lasser de payer.

L'ignorance est la misère de l'âme,
Comme l'or est l'opulence des rois,
Contre son bât le peuple en vain réclame
Mais les âniers restent sourds à sa voix ;
Pour l'occuper Chauvin l'emmène en Chine
En lui mettant sa culotte de peau ;
Et Populus bêtement s'imagine } *Bis.*
Qu'on vit de gloire à l'ombre d'un drapeau.

Les lourds impôts doublent le paupérisme,
Les gros emprunts sont à l'ordre du jour,
Pour soutenir le nerf du chauvinisme
Le cours de l'or vaut le son du tambour;
Pour les soldats l'empire c'est la paie,
Pour le pays c'est la fatalité !
De tout cela personne ne s'effraie : } *Bis.*
Ça doit durer à perpétuité.

NINI CHIGNON

Air : *Faut d'la vertu, pas trop n'en faut.*

Chantons, aimons Nini Chignon
C'est une fille de bon ton. } *Bis.*

A dix-sept ans folle et volage,
Nini n'avait que sa beauté,
Elle a maintenant équipage.
Hôtel et popularité.

Chantons, aimons Nini Chignon
C'est une fille de bon ton. } *Bis.*

3.

Au Jockey-Club on la protège
C'est le bel astre du moment,
Les petits crevés font cortège
Pour entrer dans son firmament.

Chantons, aimons Nini Chignon } Bis.
C'est une fille de bon ton.

Que de sots du second empire
La fatiguent de leurs fadeurs !
Mais elle sait compter et lire :
Elle cote haut ses faveurs.

Chantons, aimons Nini Chignon } Bis.
C'est une fille de bon ton.

Quand elle veut donner des fêtes,
Elle reçoit dans ses salons
Des diplomates vieux et bêtes
Et de très-illustres fripons.

Chantons, aimons Nini Chignon } Bis.
C'est une fille de bon ton.

Si maintenant, chance et richesse
Ont remplacé titre et blason :
C'est que l'honneur est à la baisse
Et la sagesse à Charenton.

Chantons, aimons Nini Chignon } Bis.
C'est une fille de bon ton.

Oh! oui, c'est une bonne fille !
Elle a vraiment beaucoup de cœur :
Elle prend un fils de famille,
En même temps qu'un sénateur.

Chantons, aimons Nini Chignon } Bis.
C'est une fille de bon ton.

Dame ! elle sait battre monnaie
Avec le hasard et l'amour;
Pour l'avoir il faut qu'on la paie :
Se vendre est dans les mœurs du jour.

Chantons, aimons Nini Chignon' } Bis.
C'est une fille de bon ton.

LES COMPTES FANTASTIQUES D'HAUSSMANN

Air : *Halte-là, halte-là!*

Quand Julien fait des boulettes, (¹)
C'est un bien grand pâtissier ;
Quand Haussmann double nos dettes,
C'est un bien grand financier !
Et, tous les jours il régale
Comme architecte ou maçon,
Notre chère capitale,
D'un beau plat de sa façon.

    Ce préfet,
    Est parfait,
Il fait bien tout ce qu'il fait.

Ainsi qu'une tarte aux pommes,
Il triangule un quartier ;
Ah ! c'est le premier des hommes
Pour employer le mortier !

(1) Julien, célèbre pâtissier du boulevard des Italiens.

S'il crée une grande artère,
Il passe par dessus tout,
Mais en jetant tout par terre..
Et lui seul reste debout.

Ce préfet,
Est parfait,
Il fait bien tout ce qu'il fait.

Ce préfet est homme rare,
Mais il est fort dépensier ;
Édifice, rue ou square
Doivent au Crédit foncier ; (¹)
Et s'il nous amène un fleuve (²)
Par un acqueduc nouveau :
C'est qu'il faut qu'il nous abreuve...
Payons et buvons de l'eau !

---

(1) Pour faire face aux dépenses nécessitées par les travaux de la ville, on aliéna pendant quarante ans les revenus futurs de Paris. Le traité, fait illégalement avec le Crédit foncier, fut ratifié par la Chambre, une faculté d'emprunt de 465 millions fut laissée à la disposition de M. Haussmann. (Mars 1869.)

(2) La D'Huis.

Ce préfet,
Est parfait,
Il fait bien tout ce qu'il fait.

Ah ! les comptes fantastiques
D'Haussmann sont très-contestés,
Nos députés élastiques
Les ont toujours adoptés ;
On n'a jamais vu la Chambre
Désapprouver ce qu'il fait ;
Elle dirait : ça sent l'ambre
S'il daignait lui faire un p...

Ce préfet,
Est parfait,
Il fait bien tout ce qu'il fait.

On sait par expérience
Que jamais Rouher ne ment,
Et quelle est son influence
Dans notre gouvernement ;

Ne sachant comment s'y prendre
Notre Auvergnat s'est blousé,
Quand il a voulu défendre
Le Paris haussmannisé. (¹)

Ce préfet,
Est parfait,
Ii fait bien tout ce qu'il fait.

---

(1) Quarante et une voix seulement refusèrent la sanction législative aux scandaleuses violations de la loi, prouvées par l'opposition et avouées par M. Rouher, ministre d'État. La majorité a couvert de son approbation le dictateur de l'Hôtel-de-Ville; puisqu'elle a souffert qu'il restât maître de continuer le cours de ce que M. Rouher a bien voulu appeler des *irrégularités*. (Mars 1869.)

MONSIEUR ALFRED

Air : *de Calpigi.*

Monsieur Alfred n'est plus des nôtres,
Il a fait comme beaucoup d'autres,
A l'empereur il a vendu
Son tout petit individu.   (*Bis*).
Ce député de camelotte,
Porte à présent frac et culotte
En l'honneur du petit chapeau...
Il a déserté son drapeau.   (*Bis*).

Monsieur Alfred est un parjure
Qui salit jusqu'à sa roture,
Car descendant d'un perruquier
Il se conduit comme un Pasquier. (*Bis*)
Au séné passant la rhubarbe,
De rouge il n'a plus que la barbe,
Mais à la cour il fait le beau...
Il a déserté son drapeau.   (*Bis*).

Monsieur Alfred socialiste
S'est fait fervent bonapartiste ;
Pour vouloir manger de ce pain
Fallait qu'il eut diablement faim. (*Bis*).
Paris le fit sortir de terre,
Il n'était rien, l'ingrat préfère
Être familier du château...
Il a déserté son drapeau. (*Bis*).

Soit par calcul, soit par bêtise
Ainsi qu'on change de chemise,
Alfred a changé de serment,
Il est né pour le changement. (*Bis*)
Quand on l'accueille aux Tuileries :
Il paie en basses singeries
Sa petite part du gateau...
Il a déserté son drapeau. (*Bis*).

Monsieur Alfred, là, fait la roue,
Mais c'est un paon que l'on bafoue
Bien qu'il accepte le mandat
De mouche du char de l'État. (*Bis*).

Un jour, il dira : qu'on fusille
De l'Élysée à la Bastille,
Je vaux Ponsard et tout eau!... (¹).
Il a déserté son drapeau ! *(Bis)*.

———

(1) M. Ponsard, secrétaire général de la préfecture de la Nièvre, et M. Pastoureau, préfet du département du Var, entraînés par leur zèle, firent fusiller de sang-froid des républicains qui avaient pris les armes contre le coup d'État du 2 décembre 1851. Nous citerons entre autres : l'exécution du cabaretier Thème, au bourg de Neuvy (Nièvre), et celle de Martin-Bidauré, à la ville d'Aups (Var). Il fut fusillé deux fois. (Voy. *Le Coup d'État* par M. Eug. Ténot).— Le Chevalier, éditeur, 61, rue Richelieu.

— M. Pastoureau fut révoqué de ses fonctions de préfet dans les premiers jours de février 1870.

A ce sujet, voici un quatrain que publieront plusieurs journaux, sans nom d'auteur :

Du préfet quittant l'uniforme,
Dont il fut si longtemps paré,
Pastoureau, pense-t-il, sous l'orme,
Ne plus rêver *habit doré*.

LE CHANT DU PERE GIRAUD

A EUGÈNE DELATTRE

Musique de M. J. B. de Coninck.

Les deux Giraud, mes fils, étaient deux gas honnêtes,
C'étaient de braves cœurs, c'étaient de fortes têtes ;
Dieu les avait fait naitre actifs, intelligents,
Et leur nature droite étonnait bien des gens.
Dans le fond de leur âme ils avaient pour devise
Trois mots républicains : Dieu ! Liberté ! Franchise !
Ils croyaient à l'honneur !.. Et, comprenez-vous ça ?
Pierre est mort à Cayenne, et Paul à Lambessa !

Un jour, on descendit sur la place publique,
On avait, disait-on, fondé la république ;
Pierre et Paul, ce jour-là, jurèrent des deux mains
De vivre et de mourir en vrais républicains.
Ce gouvernement-là c'était leur rêverie,
Pour eux, c'était le bien de la mère-patrie,
Ils aimaient tant la France!... Et, comprenez-vous ça ?
Pierre est mort à Cayenne, et Paul à Lambessa !

4.

Ils me disaient souvent : « Ne travaille plus, père !
« Avec nous tu n'as pas à craindre la misère :
« Nous sommes jeunes, nous ; repose tes vieux bras ;
« Ta tâche est largement accomplie ici-bas ;
« Nos poignets vigoureux conduiront la charrue,
« Et toi, chez nous, assis sur le banc de la rue,
« Tu pourras nous attendre... » Et, comprenez-vous ça ?
Pierre est mort à Cayenne, et Paul à Lambessa !

Un soir, le tambour bat, on sonne, on crie : Aux armes!
La voix du vieux tocsin semblait pleine de larmes ;
Un prince violait la constitution.
En décembre, en plein jour, devant la nation.
Ah ! l'indignation souleva les poitrines ;
Ils partirent tous deux, avec leurs carabines,
Pour faire leur devoir... Et, comprenez-vous ça ?
Pierre est mort à Cayenne, et Paul à Lambessa !

Et moi, j'attends la mort, je suis las de l'attendre..
Du haut du ciel, parfois, la nuit, je crois entendre
Les cris de mes enfants, deux martyrs ; ô douleur !
S'ils ont perdu la vie, ils ont gardé l'honneur !
Ils marchaient pour le droit, ils sont morts pour la France ;
Sur leur tombe on a mis la honte et le silence ;
Mais moi, je parle d'eux... Ah ! vous comprenez ça :
Pierre est mort à Cayenne, et Paul à Lambessa !

LES STATUES

ou

Réflexions de Pitanchard sur les hommes de l'Empire.

—

Air : *Du Petit Ébéniste*. (Ch. Plantade.)

Que j'aime à voir élever des statues
   Aux hommes d'État de l'Empire,
   En les voyant on peut se dire :
   Que c'est comme un bouquet de fleurs !
PARLÉ : *En chœur : bis.*
   Que c'est comme un bouquet de fleurs !

Peuple français, sous le second Empire,
Tu ne connus jamais la liberté ;
Si, cependant, tout va de mal en pire,
C'est pour ton bien et ta félicité.

Que j'aime à voir élever des statues
   Aux hommes d'État de l'Empire,
   En les voyant on peut se dire :
   Que c'est comme un bouquet de fleurs !
PARLÉ : *En chœur : bis.*
   Que c'est comme un bouquet de fleurs !

A son neveu ne faisons pas de peine,
Par les Anglais l'oncle fut isolé ;
On le porta sans bruit à Sainte-Hélène,
Ce grand héros... ne l'avait pas volé (¹)

Que j'aime à voir élever des statues
　Aux hommes d'État de l'Empire,
　En les voyant on peut se dire :
　Que c'est comme un bouquet de fleurs !
Parlé : *En chœur : bis.*
　Que c'est comme un bouquet de fleurs !

Quand un tribun lâche la République
Pour s'enrichir sous les Napoléons,
C'est qu'il descend de Brutus le stoïque,
De père en fils, par les caméléons.

Que j'aime à voir élever des statues
　Aux hommes d'État de l'Empire,
　En les voyant on peut se dire :

---

(1) Napoléon III fit remplacer la statue en *redingote grise* de la colonne de la place Vendôme par une statue en costume de César romain.

    Que c'est comme un bouquet de fleurs !
Parlé : *En chœur : bis.*
    Que c'est comme un bouquet de fleurs !

Toi, Béranger, l'ami du populaire,
Si tu chantas l'homme anti-liberté :
C'est qu'Austerlitz t'aveuglait sur brumaire,
Et tu croyais à sa capacité.

Que j'aime à voir élever des statues
  Aux hommes d'État de l'Empire,
  En les voyant on peut se dire :
  Que c'est comme un bouquet de fleurs !
Parlé : *En chœur : bis.*
    Que c'est comme un bouquet de fleurs !

Dupin, Morny, Billault ont des statues, (¹)
Haussmann aura la sienne après décès ;
Il consigna l'histoire aux coins des rues,
Avec le soin d'un Plutarque français. (²)

---

(1) Les statues de Morny à Deauville, de Billault à Nantes, de Dupin à Clamecy, etc., ont été érigées aux frais de l'État.
(2) M. Haussmann, préfet de la Seine, dans le remaniement qu

Que j'aime à voir élever des statues
   Aux hommes d'État de l'Empire,
   En les voyant on peut se dire :
PARLÉ : *En chœur : bis.*
   Que c'est comme un bouquet de fleurs !

Mais je sais bien, c'est ce qui me chagrine,
Que Sainte-Beuve et Baudin n'auront pas (¹)
Leurs traits en pied fondus dans une usine
Pour honorer leur vie et leur trépas.

Que j'aime à voir élever des statues
   Aux hommes d'État de l'Empire ;
   En les voyant on peut se dire :
   Que c'est comme un bouquet de fleurs !
PARLÉ : *En chœur : bis.*
   Que c'est comme un bouquet de fleurs !

---

fit de la ville de Paris, changea le nom d'un grand nombre de rues et il en créa pour les principales voies qu'il ouvrit, afin d'approprier ses travaux à l'ère de l'Empire. — Sébastopol, Magenta, Solférino, Turbigo, Puebla, etc., figurent dans la nouvelle nomenclature.

(1) M. Sainte-Beuve, sénateur, d'après ses dernières volontés, fut enterré civilement.

Alphonse Baudin, représentant du peuple, mourut pour la justice et la liberté, le 3 décembre 1851. Il fut tué sur une barricade au faubourg Saint-Antoine.

LE RETOUR DU DÉPORTÉ

Musique de M J.-B. de Coninck.

Ma femme me donna deux enfants frais et roses,
Ils naquirent jumeaux dans la saison des roses,
Pendant un vert printemps inondé de soleil.
Le sorcier leur prédit *un bonheur sans pareil !*
Charles et Frédéric ressemblaient à des anges
Qu'une divine main aurait mis dans des langes.
Chacun les admirait !... Dire que ces enfants
Ont jeté de la boue à mes quatre-vingts ans !

A leur instruction fut toute ma pensée,
Et, quand il en fut temps, je les mis au lycée.
Le latin leur déplut presqu'autant que le grec :
Frédéric fut un cancre et Charles un fruit sec.
Quand ils eurent vingt ans je ne sus plus qu'en faire :
L'un devint bureaucrate et l'autre militaire. —
Sans science et sans cœur, on se donne au hasard,
On accroche sa vie au manteau de César !

Ils avaient du physique : ils menèrent la vie
Le matin chez Shylock, le soir chez Octavie.
Le Jockey-Club conduit dans un certain palais,
Ils augmentèrent là le nombre des valets. —

On se fait donc à tout? — Ah! quand on n'a plus d'âme,
On ne sait pas rougir en devenant infâme! —
Des dieux de Bonaparte ils servirent l'autel :
L'un fut nommé préfet et l'autre colonel.

Ils apprirent le crime au métier d'antichambre.
Ils étaient prêts à tout quand vint le deux décembre. —
Les honneurs et notre or payaient leur dévoûment
Des bandits n'auraient pas agi plus lâchement! —
Quand la France râla sous le neveu du Corse,
Alors je retrouvai ma jeunesse et ma force :
Je voulus protester... Frédéric m'arrêta,
Charles me mit aux fers, et l'on me déporta.

Après vingt ans d'exil, je te revois, ô France!
Ma droiture n'a pas ployé sous ma souffrance.
Mes deux gredins de fils sont plus grands que jamais!
Ils n'ont pas de maisons, mais ils ont des palais.
Ils devraient être au bagne, ils sont aux Tuileries,
Se drapant fièrement dans leurs gredineries !
Enfin, je n'attends plus pour mourir de douleur
Qu'on nomme l'un ministre et l'autre sénateur.

LE CANDIDAT OFFICIEL

ou

BONIMENT DE M. BOBICHON, MAIRE DE FOUILLIS-LES-ANES,

A SES ADMINISTRÉS, LE JOUR DES ÉLECTIONS. 1869.

Air : *de la Femme à Barbe* (P. BLAQUIÈRE).

Nous avons un gouvernement
Qu'on ne trouve pas dans l'histoire,
C'est un phénomène vraiment
Qui de la France fait la gloire;
Au moment des élections
Il nous fait des concessions;
Il est si bon! C'est sa manière
De plaire à la classe ouvrière. (1)

Entrez, bourgeois et paysans,
Votez, mais votez dans mon sens,
Les démocs-socs auront beau dire,
Rien ne vaut le second empire ! *(Bis)*.

---

(1) En vertu d'un décret de l'empereur, l'exemption de la contribution mobilière fut étendue aux loyers de 250 à 400 francs et la taxe qu'ils supportaient fut mise à la charge de la caisse municipale. (Décembre 1868.)

Grande est sa popularité,
Il la mérite à plus d'un titre ;
Il aura pour l'honnêteté
Dans l'avenir un long chapitre.
Chez lui de très-honnêtes gens
Touchent de très-gros traitements,
Ils trouvent que le prolétaire
Peut vivre d'un mince salaire.

Entrez, bourgeois et paysans,
Votez, mais votez dans mon sens,
Les démocs-socs auront beau dire,
Rien ne vaut le second empire ! *(Bis)*.

Notre candidat, c'est certain,
Est débonnaire et pacifique,
C'est un ancien républicain
Qui déteste la république.
Quand il eut changé de côté
Pour le Mexique il a voté ; (¹)
Non, jamais pour la gloire en France
On ne regarde à la dépense.

---

(1) L'expédition du Mexique fut désastreuse. C'était une idée napoléonienne. Elle eut pour dénoûment l'exécution de Maximilien d'Autriche à Queratero et un milliard de dettes pour la France.

Entrez, bourgeois et paysans,
Votez, mais votez dans mon sens,
Les démocs-socs auront beau dire,
Rien ne vaut le second empire ! *(Bis)*

Il fut de toutes les couleurs,
Il a passé la soixantaine,
Les plus âgés sont les meilleurs
Dans une chambre souveraine.
Si, pendant que l'on parle, il dort,
C'est qu'il sait que l'Etat est fort,
Et qu'il ne faut pas contredire
Les grands ministres de l'empire !

Entrez, bourgeois et paysans,
Votez, mais votez dans mon sens,
Les démocs-socs auront beau dire,
Rien ne vaut le second empire ! *(Bis)*.

Aussi grâce au gouvernement,
Tout s'agrandit et tout prospère,
Même commercialement,
Nous l'emportons sur l'Angleterre.

On a des écoles partout,
Et des Jésuites plus du tout,
Plus de classe aristocratique,
On se croirait en république!

Entrez, bourgeois et paysans,
Votez, mais votez dans mon sens,
Les démocs-socs auront beau dire
Rien ne vaut le second empire! *(Bis)*.

LES CASSE-TETES

Air : *Je loge au quatrième étage.*

Peuple français, peuple de braves,
Sous le sabre courbe le front,
Tes enfants seront des esclaves,
Tu ne comprends pas un affront ; *(bis)*
Malgré ta force et ta vaillance
Pauvre peuple déshérité,
Tu ne sais pas encore en France } *Bis.*
Acclimater la liberté.

. . . .
. . . .
. . . .
. . . .

. . . .
. . . .
. . . .
. . . .

Pour improviser une émeute
On lance argousins et mouchards,
Comme on lancerait une meute,
Sur les passants des boulevards. (1) *(Bis)*.
Sang et punch sont de la fête
Pour messieurs de l'autorité;
Et c'est à coups de casse-tête } *Bis*.
Qu'ils protègent la liberté.

Partout on tue, on emprisonne :
Bicêtre est plein, Mazas s'emplit, (2)
Dans son frac Piétri frissonne,
Et sous son froc Veuillot pâlit. *(Bis)*.

(1) On donnait du punch aux agents de police à la Préfecture et dans les mairies. Puis, ils se ruaient sur les promeneurs et les assommaient à coups de casse-tête.

(2) La plupart des Parisiens arrêtés sur le boulevard Montmartre furent enfermés dans ces prisons. (Juin 1869).

Les ratapoils du chauvinisme
Ont bâillonné la vérité,
Et les geôliers du despotisme } *Bis.*
Ont mis sous clé la liberté.

Le savoir est un diadême
Dont s'enorgueillit le savant;
Pour devenir grand par toi-même
Peuple, instruis-toi, marche en avant! *(Bis)*.
Par tes labeurs tu verras naître
L'ère de la prospérité,
Pouvant alors parler en maître } *Bis.*
Tu garderas la Liberté!

EMILE AU CABINET

Air : *Muse des bois et des plaisirs champêtres.*

Sire, autrefois, j'étais de la montagne,
Un des vrais *cinq* de l'opposition !
Mais aujourd'hui, moderne Charlemagne,
Je viens à vous, mû par l'ambition.
Je suis sans peur et surtout sans reproche.
Je tends la main à monsieur Guilloutet,
J'ai dans le cœur les vertus de Baroche :
Je suis donc bon à mettre au cabinet.

Jeune, j'aimais le vieux Caton d Utique,
Je me croyais l'étoffe d'un tribun ;
J'ai renié pour vous la république :
Rester Gros-Jean n'a pas le sens commun !
Du ciel, Morny m'inspire et me protège,
Je me suis fait l'ami de Belmontet
Et de messieurs Dugué, David et Mège,
Je suis donc bon à mettre au cabinet.

Paris, un jour, eut foi dans mes paroles,
Il me nomma pour vous admonester;
J'ai pris sur moi de renverser les rôles
Sans m'abaisser même à le consulter.
Je suis plus fort que monsieur la Roquette; (1)
Accordez-moi sa place s'il vous plaît !
A temps pour çà j'ai fait la girouette,
Je suis donc bon à mettre au cabinet.

Je ne suis plus le fils de Démosthènes, (2)
Car mon vieux père est un républicain,
Il était né pour vivre dans Athènes,
Moi, je suis né pour faire le Pasquin,
Et dans vos eaux je nage en écrevisse !
Pour arriver, qui donc aurait mieux fait?
J'étais tribun et me voilà Jocrisse !
Je suis donc bon à mettre au cabinet.

(1) M. Jean-Louis-Victor-Adolphe Forcade Laroquette, frère utérin du maréchal de Saint-Arnaud, était alors ministre de l'intérieur. (Décembre 1869.)

(2) Démosthènes Ollivier était représentant du peuple en 1848. Il appartenait à la gauche. — Aristide Ollivier, frère d'Emile, fut tué en duel par un légitimiste, à Montpellier, à la suite d'une altercation politique. Il était républicain.

Alors Émile étala son programme :
L'empire fort avec la liberté.
Puis il jura sur son cœur, sur son âme,
Sur son portier, ample fidélité.
— L'Empereur dit : soit! mais soyez sincère,
Vous avez l'âme et l'habit d'un valet.
Formons ensemble un nouveau ministère;
Vous êtes bon à mettre au cabinet. (¹)

---

(1) Le *Cabinet Ollivier* fut constitué le 2 janvier 1870. — Il se composait de MM. Émile Ollivier, Napoléon Daru, de Parieu, de Talhouët, Chevandier de Valdrôme, Ségris, Buffet, Louvet, Lebœuf, Rigault de Genouilly et Maurice Richard aux Beaux-Arts.

LE RÉVEIL

Air : *Béranger à l'Académie.* (CHAUTAGNE).

Peuple aujourd'hui ton grand bon sens étonne
Rome et Paris, le pape et l'empereur ;
Le despotisme en perdra sa couronne.
L'ouvrier rit et le bourgeois a peur.
Les chassepots à Rome ont fait merveille ([1])
Pour un pouvoir tombant de vétusté ;
L'urne fait mieux : un peuple se réveille !
Paris debout marche à la liberté. *(Bis).*

Napoléon l'illustre tueur d'hommes,
Vécut longtemps du soleil d'Austerlitz,
Cet astre encore éblouit nos Prudhommes
Soyons cléments pour ces pauvres esprits.

(1) Quand Garibaldi marcha sur Rome en 1863, il eut pour adversaire le général de Failly à la tête des troupes françaises. Ce dernier, dans son bulletin de la bataille de Mentana, dit : *Les chassepots ont fait merveille.* On s'en servait, pour la première fois, sur un champ de bataille.

Le fer n'est plus l'argument de la force.
L'idée est tout : c'est la fraternité.
La tyrannie, un jour, sortit de Corse,
C'est du scrutin que sort la liberté. *(Bis)*.

Le peuple voit que la France est sevrée
Des droits sacrés que ses aînés ont eus;
Sa forte main déchire sa livrée,
Il paye encor, mais il ne chante plus. (¹)
Il parle haut ; sa voix rompt l'équilibre
Qui supprimait sa souveraineté.
Il sent enfin qu'il peut se rendre libre :
C'est de lui seul qu'il veut la liberté. *(Bis)*.

O Rochefort, du feu de ta lanterne
Tu lui montras les abus du pouvoir.
Un atelier vaut mieux qu'une caserne,
Le peuple apprend, il fera son devoir.
Le noir cancer qui ronge sa poitrine
Vient des impôts mis sur la pauvreté ;
Le *statu quo*, consacre la routine,
Quand le progrès mène à la liberté. *(Bis)*.

---

(1) Allusion au mot de Mazarin. — Ce ministre disait, en parlant des mécontents qui la chansonnaient : *Ils chantent, ils paieront.*

LA VACHE A GAMBON

Air : *de Calpigi*.

Jadis, sous un roi despotique
Pour désigner un hérétique,
On s'écriait : c'est un Judas !
Il est de la vache à Colas. *(Bis)*.
Aujourd'hui, mes amis, pour dire
Qu'un français n'aime pas l'empire,
Nous avons un nouveau dicton :
Il est de la vache à Gambon. *(Bis)*.

Gambon trouvant que l'on abuse
Des droits du fisc, il se refuse
A payer tous les lourds impôts
Dont on nous frappe à tout propos. *(Bis)*.
Mais le peuple prenant à tâche
De lui rendre, à ses frais, la vache [1]

---

[1] Le journal *La Marseillaise* ouvrit dans ses colonnes une souscription pour le rachat de la vache du citoyen Gambon (Janvier 1870.) Elle recueillit de nombreuses offrandes.

Ch. Ferdinand Gambon fut élu en 1848 représentant de la Nièvre. Il votait avec la Montagne. — Il fut condamné à la déportation par la haute cour de Versailles et fut détenu à la prison d'Etat de Belle-Isle. — Redevenu libre, il refusa l'impôt au gouvernement de Napoléon III.

Qu'on vendit devant sa maison :
Il est de la vache à Gambon. *(Bis)*.

Toutes les fois qu'un homme honnête
A l'arbitraire tiendra tête,
Un pouvoir fort et maladroit,
En vain contestera ce droit. *(Bis)*.
En lui voyant donner l'exemple
De chasser les vendeurs du temple,
Le peuple dira : c'est un bon !
Il est de la vache à Gambon. *(Bis)*.

On a, sur la place publique,
Des pantins comme en politique,
Equilibristes singuliers,
Mangeant à tous les rateliers. *(Bis)*.
Et voyez-en les conséquences,
Quoique donnant des espérances ;
On ne dit pas de Darimon :
Il est de la vache à Gambon. *(Bis)*.

Mais tout homme n'est pas à vendre :
Il ne s'agit que de le prendre
Dans les rangs des hommes de cœur
Qui ne vivent que pour l'honneur. *(Bis)*.

A Rochefort allez donc dire :
« Ralliez-vous au second empire. »
Rochefort vous répondra : Non.
Il est de la vache à Gambon. *(Bis)*.

LES FUNERAILLES DE VICTOR NOIR

Nous étions là, cent mille, ô spectacle sublime!
Maudissant l'assassin et pleurant la victime.
Le nom de Victor Noir emplissait tous les cœurs.
On se serrait la main, aveuglé par les pleurs.
Un ciel gris, morne et froid, comme un grand linceul sombre,
Sur le peuple éploré laissait tomber son ombre.
Nous étions là cent mille, étouffant nos sanglots,
Prêts à mourir debout, devant les chassepots.

Mais la mort attachée au service du trône,
Eut un peu de pudeur — cela vraiment étonne!
Elle était consignée, elle ne parut pas;
Oui, mais dans la caserne elle était l'arme au bras
Attendant et guettant!.... Ah! prends y garde, empire,
Dieu, hasard, peuple et sang, tout contre toi conspire!..
Nous étions là cent mille, étouffant nos sanglots,
Prêts à mourir debout, devant les chassepots.

L'historien pâlit en écrivant l'histoire :
Le pouvoir c'est la force, et la honte la gloire.

Qui donc arrêtera tous ces exploits sanglants ?
Et qui donc a tué cet enfant de vingt ans ?
Mais c'est un Bonaparte — un véritable Corse,
Qui prend pour la justice : et la haine et la force!...
Nous étions là cent mille, étouffant nos sanglots,
Prêts à mourir debout, devant les chassepots,

Sa jeune fiancée accompagnait la bière
Que le peuple portait lui-même au cimetière...
O belle fiancée, où sont vos rêves d'or?
Camille, on a tué votre pauvre Victor ;
En le frappant au cœur on a frappé la France!
Le peuple seul est grand, attendez la vengeance.
Nous étions là cent mille, étouffant nos sanglots,
Prêts à mourir debout, devant les chassepots.

Le peuple est un lion qui rugit et menace
Il regarde, front haut, l'empire face à face.
Il n'est plus cette brute à qui l'on passe au cou
Le carcan de la peur en guise de licou.
Il sait tout ce qu'il vaut sous sa mâle guenille,
Il sait que son aïeul a rasé la Bastille!
Nous étions là cent mille, étouffant nos sanglots,
Prêts à mourir debout, devant les chassepots.

MIRO

Air : *Vous vieillirez, ô ma belle maîtresse !*

Miro, mon chien, est un braque superbe,
Poil blanc et roux, vif et fort de jarret.
Il faut le voir se faufiler dans l'herbe
Le nez au vent et tomber en arrêt.
Malheur alors au gibier qu'il évente !
Quand sous son œil une bête a frémi :
Elle est perdue ; il la prend palpitante...
Miro, mon chien, est mon meilleur ami.

Ce braque anglais est un fier chien de chasse,
Mais avant tout, il est mon compagnon.
A mon foyer il occupe la place
Que prit, un soir, une folle Mignon.
Quand me quitta cette ingrate maîtresse,
Sur le moment, mon cœur en a gémi ;
Oui, mais Miro me garda sa tendresse :
Ce brave chien est mon meilleur ami.

Miro me dit : « Je te serai fidèle. »
(Il parle avec ses yeux intelligents).
On devrait bien le donner pour modèle
Aux gens tarés qui prêtent des serments.
Il n'aime pas qu'un inconnu le flatte.
Il ne rend point un service à demi.
N'essayez pas de lui graisser la patte,
Il vous mordrait ; c'est mon meilleur ami.

Quand je mourrai je veux que l'on m'enterre,
Comme on enterre un humble citoyen,
Et que l'on grave au burin sur ma pierre :
« A bien des gens il préféra son chien. »
Pour mon Miro, je vaudrai plus qu'un frère
Quand je serai pour toujours endormi,
Vous le verrez venir au cimetière
Pour me pleurer, c'est mon meilleur ami.

FIN

TABLE DES MATIÈRES

Au Lecteur	3
Bon Bourgeois (le)......	17
Candidat officiel (le)......	49
Casse-têtes (les)........	53
Chant du père Giraud (le).............	41
Libre-pensée........	13
Comptes fantastiques d'Haussmann (les)......	33
Cour du roi Pétaud (la)............	5
Cri de la Pologne (le)............	9
Émile au Cabinet............	57
Empire, c'est la Paix (l').....	25
Funérailles de Victor Noir (les)	67
Miro........	69
Monsieur Alfred..............	37
Nini Chignon.........	29
Retour du Déporté (le).........	47
Réveil (le)........	61
Statues (les)........	43
Vache à Gambon (la).........	63
Veau de M. Calvet (le)......	21

Paris. — Typ. Turfin et Ad. Juvet, 9, cour des Miracles.

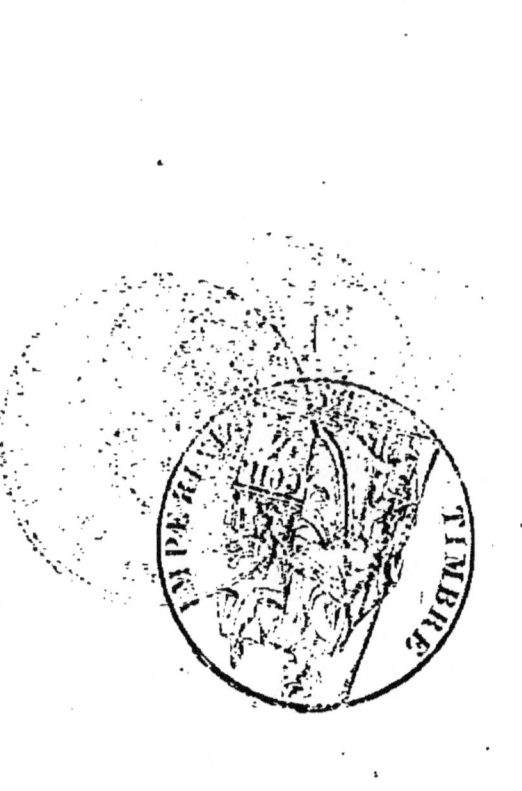

www.ingramcontent.com/pod-product-compliance
Lightning Source LLC
LaVergne TN
LVHW051501090426
835512LV00010B/2281